Fleischküchle

In Partnerschaft mit:

REWE　　Fritz-Ulrich Aupperle, Rewe-Markt Fellbach
www.rewe-fellbach.de

Fleischküchle

mit Kartoffelsalat

„*Wenn alle Künste untergehn,
die edle Kochkunst bleibt bestehn.*"

Markus Polinski
Andreas Krohberger

Der Klassiker aus der schwäbischen Küche

Fleischküchle
mit Kartoffelsalat

Mit den Lieblingsrezepten von Eckart Witzigmann und
Vincent Klink und einer Weinauslese von Fritz-Ulrich Aupperle

Mit Fotos von Rainer Kwiotek

edition k | **Hampp**Verlag

Fleischküchle gehören nun mal in die Alltagsküche

von Jörg Aschbacher und Markus Polinski

So vielgestaltig wie die Landschaft ist auch die Küche in Schwaben. Sie kennt viele wunderbare Gerichte. Nicht wenige davon hat schon die Großmutter nach überlieferten Rezepten gekocht. Und so sind es auch die wahren Schätze aus Omas Rezeptbüchlein, die immer wieder neu entdeckt werden. Nicht von ungefähr sind es die einfachen Gerichte, die vielen von uns zur Leibspeise geworden sind. Dabei sind natürlich die Rezepte, die Zutaten und auch die Zubereitung der wohlschmeckenden Speisen so verschieden wie die Menschen und die Regionen im Genießerland Baden-Württemberg.

Es ist ein wichtiges Ziel der Remstal-Akademie für Essen und Wein, regionale Kochgewohnheiten zu fördern und auch althergebrachte Rezepte nicht in Vergessenheit geraten zu lassen. Nach dem großen Interesse an den Kochwettbewerben zur fast vergessenen Leibspeise „Wurstknöpfle"– im Remstal grassierte wochenlang geradezu das Wurstknöpfle-Fieber – und zu den beliebten „Kartoffelschnitz und Spätzle", dem Gaisburger Marsch, hat die Akademie die Serie fortgesetzt mit der Einladung zum Wettbewerb „Fleischküchle mit Kartoffelsalat"– ein absoluter Klassiker der schwäbischen Küche. Diese gibt es nicht nur unter den verschiedenen Bezeichnungen als Frikadellen, Buletten oder Fleischpflanzerl, sondern auch in unterschiedlichen und geschmacklich verschiedensten und originellsten Varianten. Jede Köchin und jeder Koch „schwört" auf das eigene Rezept. Kein Fleischküchle schmeckt wie das andere.

So haben die Damen und Herren der Jury nicht schlecht gestaunt: Die mit einem Schwaben verheiratete Philippina Rosalie Schweitzer aus Donzdorf/Göppingen macht mit ihrem bei einer schwäbischen Oma abgeguckten klassischen Rezept die besten Fleischküchle mit Kartoffelsalat

Rezepte aus der ganzen Region waren für den Wettbewerb eingereicht worden. Neun Köchinnen und drei Köche schafften den Sprung ins Finale. Die Koch-Künstler hatten eine Stunde Zeit, den schwäbischen Klassiker nach ihrem Rezept und Gusto zuzubereiten.

Schon bald durchwaberten ganz unterschiedliche Düfte die geräumige Küche, in der die Finalisten Seite an Seite schnitten, rührten, recht unterschiedlich die Fleischküchle formten und sie in den Pfannen brutzelten. Die Rezepte waren mehr als verschieden. Hildegard Koppitz aus Schorndorf entschied sich sogar für die vegetarische Variante: Ihre „Fleisch"-Küchle enthielten kein Gramm Fleisch, dafür jede Menge Haferflocken, Gemüse und etwas Maismehl.

Es war wunderbar zu spüren, mit welcher Leidenschaft die Köchinnen und Köche am Herd wirkten. Freude macht ein Essen eben nur, wenn man sich bei seiner Zubereitung wirklich auch Mühe gibt und dabei auch nur beste Zutaten verwendet.

In diesem kleinen, aber feinen Kochbuch stellen wir die Rezepte der zwölf Finalisten und das „Hausrezept" des Restaurants „Lamm" in Remshalden-Hebsack vor. Zu den besten Rezepten für diesen Klassiker aus der schwäbischen Küche haben zudem Eckart Witzigmann, der „Koch des Jahrhunderts" und Spitzenkoch Vincent Klink ihre Lieblingsrezepte für das Fleischküchle beigesteuert.

Schon immer erfüllt der Wein seine ureigenste Bestimmung als Begleiter des Essens. Welcher Wein passt zu welchem Essen? Zu Fleischküchle – egal nach welchem Rezept – passen die „einfachen" Weine am allerbesten. Deshalb stellt Fritz-Ulrich Aupperle, leidenschaftlicher Weinfreund und in Fellbach Manager der besten Weinabteilung Deutschlands im Lebensmittelhandel, zu jedem Rezept einen besonderen Wein vor. Er hat darauf geachtet, dass es sich ausschließlich um authentische, ausdrucksstarke Weine der so genannten „Basisqualität" handelt.

Inhaltsverzeichnis

„Nichts ist schwieriger,
als das Einfache gut zu machen."

Heiner Finkbeiner

Bescheiden im Auftreten, orgiastisch im Geschmack von Andreas Krohberger

„Fleischküchle"– kaum ist das Wort gefallen, erscheint vor meinem geistigen Auge eine betörend duftende, knusprig ausgebackene und leicht abgeflachte Kugel, die eine Bilderwelt generiert von Kindheit und Familie, von gedecktem Tisch und Geborgenheit. Was hat dieses so einfache Gericht nur an sich, dass schon seine bloße Vorstellung eine friedvolle Sehnsucht erzeugt und sein Verzehr Glückshormone hervorruft?

Fleischküchle sind eine internationale Speise, die es sehr wahrscheinlich erst seit der Erfindung des Fleischwolfes gibt, weil früher das Schaben des Fleisches viel zu mühsam war. Sie bestehen im Wesentlichen aus gehacktem Fleisch, altem Weißbrot zum Lockern und etwas Ei zum Binden. Also kulinarisch nicht anspruchsvoll und kochtechnisch nicht aufwändig. Zuhause muss man gewiss niemanden zu Tisch rufen, wenn sie aus der Küche duften, und in Gastwirtschaften, in denen sie die Mittagskarte bereichern, sind sie schnell ausverkauft.

Und darum sind sie so beliebt:

1. Die Röstaromen: Fleischküchle reizen durch ihre Röstaromen alle Sinne. Das durch den Wolf gedrehte Fleisch lässt sich intensiv würzen und von allen Seiten knusprig anbraten.

2. Schnelle Küche: Fleischküchle sind schnell zubereitet, denn außer Hackfleisch braucht es nicht viel. Ein Ei hat man immer im Kühlschrank, das Brötchen vom Vortag will keiner mehr und eine Zwiebel zum Würzen ist schnell gefunden.

3. Zweimal lecker: Fleischküchle schmecken kalt genauso gut wie frisch aus der Pfanne. Unglaublich schnell finden sie aus dem Kühlschrank in den Mund.

4. Ideal für Partys: Fleischküchle sind ideal für große Partys, weil sie sich ohne erheblichen Aufwand in großen Mengen herstellen lassen.

5. Vielseitig: Fleischküchle passen sich in Würze, Zubereitung und der Art der Beilagen ideal der jeweiligen Landesküche an. Entsprechend groß ist die Vielfalt ihrer Zubereitungsweisen.

Der weit verbreitete Oberbegriff „Frikadellen" leitet sich wahrscheinlich vom niederländischen „frikadel" ab, denn in der Küche der Holländer tauchen sie schon im 16. Jahrhundert auf. Aber auch die Italiener könnten beteiligt sein, klingt ihr „frittatela", was schlicht „Gebratenes" bedeutet, doch ganz ähnlich. Als „Fleischküchle" sind sie in Baden-Württemberg, Franken und Bayerisch-Schwaben verbreitet. Die Berliner „Buletten", mit Leidenschaft zubereitet, lassen sich auf die Hugenotten zurückführen („boulette" bedeutet „Kügelchen"), während man in Ostdeutschland die französischen Anklänge einfach übernahm, sie „Grilletten"

nannte und in Imbissbuden anbot. Als „Hamburger Steak" zogen die Frikadellen mit den Auswanderern nach Amerika und kamen, in schaumstoffartige Brötchen geklemmt und mit Weltruhm bekleckert, an ihren Ursprungsort zurück. Die Ostpreußen nennen ihre „Klopse" möglicherweise nach dem neuschwedischen „kalops" (gebratene Fleischscheibe), vielleicht aber auch nach dem in Scheiben geschnittenen und hernach lange geklopften Fleisch. Das altbayerische und auch österreichische „Fleischpflanzerl" leitet sich von „Fleischpfannzelte" ab, wobei „Zelte" ein altertümlicher Ausdruck für einen flachen Kuchen ist.

In Griechenland begegnen uns die Frikadellen gefüllt mit Schafskäse als „bifteki", die slawischen, länglich gerollten „čevapčići" überzeugen durch intensiven Knoblauchduft. Als „köttbullar" verzehren sie die Schweden, als „köfte" die Türken und als „beefsteak" die Engländer. „Albóndiga" heißen sie auf spanisch, „kotlet mielony" auf polnisch, „frikadel" auf niederländisch, „polpetta" auf italienisch, „faschiertes Laibchen" in Teilen Österreichs und natürlich „boulette" auf französisch.

Und beileibe nicht immer sind sie aus Rinder- und/oder Schweinehack. Im Norden kommen sie als Fischfrikadellen auf den Tisch und die arabischen Staaten bevorzugen aus nahe liegenden Gründen Lammfleisch (aber auch die Italiener lieben das) – kalt genossen allerdings eine schwierige Geschmacksvariante. Manches Mal verirrt sich auch Puten- und Hähnchenfleisch hinein, Kaninchen oder sogar Wild. Und warum soll es keine Fleischküchle ohne Fleisch geben? Allerdings sollte man sie der Ehrlichkeit halber dann lieber Bratlinge nennen.

Und natürlich gibt es Glaubenskriege, wie fein der Fleischbrei sein muss, ob man Toastbrot, alte Semmeln oder Paniermehl mit Milch oder mit Sahne vermischt hinzufügt oder ob man die Frikadellen gar noch paniert, wie es die Ostdeutschen gerne tun. Und ob die fast unverzichtbaren Zwiebelstückchen roh in den Fleischteig kommen oder lieber angedämpft. Oder

sollen sie mit kochendem Wasser übergossen werden?

Eben so vielfältig wie die Fleischküchle sind die Beilagen – Kartoffelsalat ist mit großem Vorsprung die beliebteste. Aber auch Pellkartoffeln, Kartoffelpüree (dann natürlich mit Bratensauce), Reis und Nudelsalat empfehlen sich, ebenso wie Gemüse aller Art oder schlicht ein kräftiges Bauernbrot.

Egal wie Sie Ihre Fleischküchle am liebsten genießen – Sie werden nie alleine mit ihnen am Tisch sitzen. Da taucht die Erinnerung an die verstorbene Oma auf, von der vielleicht das Rezept stammt, die Mutter, wie sie am Herd wirkt, die Kinder, die sich immer sorgten, ob es auch für alle reichen möge oder die Freunde aus der Wohngemeinschaft, mit denen Sie Ihre ersten eigenen Fleischküchle geformt und gebraten haben. Sie alle tauchen als Bilder in der Erinnerung auf und vermischen sich mit dem unwiderstehlichen Duft, der von Ihrem Teller aufsteigt. Der schöne Wunsch „Guten Appetit!" könnte da schon zur frommen Bettelei werden.

Fleischküchle mit Kartoffelsalat – Hausrezept des Lamm Hebsack von Markus Polinski

Für die Fleischküchle:

800 g gemischtes Hackfleisch
(Rind, Kalb und Schwein)
2 Milchbrötchen
200 ml Fleischbrühe
80 g geraucher Bauch
1 Zwiebel
1 kleine Stange Lauch
4 Knoblauchzehen
2 Bund Blattpetersilie
Butterschmalz
1 Karotte
3 Eier
Majoran, Muskatnuss
Salz, Pfeffer, Zucker

Für den Kartoffelsalat:

1 kg Salatkartoffeln (Sorte „Selma")
1 kleine Zwiebel
250 ml Fleischbrühe
50 ml Weinessig

100 ml Salatöl
Salz, weißer Pfeffer, Zucker
Schnittlauch

Die Milchbrötchen in warme Fleischbrühe einweichen. Speck, Zwiebel, Lauch, Knoblauch und Petersilie fein zerkleinern und in einer Pfanne mit Butterschmalz glasig dämpfen. Mit etwas Salz und Zucker würzen. Kühl stellen.

Falls ein Fleischwolf vorhanden ist, das Fleisch, die geschälte Karotte, die Speck-Zwiebel-Lauch-Mischung und die einge-weichten Brötchen hindurchdrehen. Alles in einer Schüssel mit den Eiern vermengen und mit Majoran, Muskatnuss, Salz und Pfeffer abschmecken. Nun ca. 150 g schwere Fleischküchle formen und in einer Pfanne mit Butterschmalz auf beiden Seiten 6–7 Minuten braten. Aus der Pfanne nehmen und auf ein Küchenkrepp legen.

Die Kartoffeln waschen und mit Schale in einem Topf mit Salzwasser gar kochen. Nach ca. 40 Minuten Garzeit das Wasser abschütten. Die Kartoffeln leicht abkühlen lassen und dann pellen. Noch warm mit einer geeigneten Reibe in eine Schüssel reiben, so dass ca. 3 mm dicke Scheiben entstehen. Die heiße Fleischbrühe darüber gießen. Zwiebelstückchen hinzugeben. Mit Essig, Salz, Pfeffer und Zucker abschmecken. Vorsichtig vermengen. Zum Schluss das Öl untermischen. Etwa 15 Minuten ziehen lassen, dann sind der Geschmack und die Konsistenz perfekt. Zum Servieren mit Schnittlauch bestreuen.

Weinempfehlung

Bentz Rotwein Cuvée trocken, Weingut Aldinger, Fellbach – diese kräftige, elegante Weinkreation mit ihrer auffallend frischen Fruchtnote ergänzt das „Lamm"-Fleischküchle ideal.

„Gottes schönste Gabe ist der Schwabe."

Fritz Frech

Fleischpflanzerl mit Kartoffel-Gurken-Salat von Eckart Witzigmann

Für die Fleischpflanzerl:

150 g Kalbfleisch ohne Sehnen
250 g Schweinefleisch ohne Sehnen
50 g Schinkenspeck
50 g gekochter Schinken, in kleine Würfel
    geschnitten
100 g Weißbrot oder Semmeln
    (jeweils vom Vortag)
⅛ l lauwarme Milch
100 g Zwiebeln in kurzen, sehr dünnen
    Streifen
1 Knoblauchzehe, fein gewürfelt
1 guter EL Olivenöl
1 Bund Petersilie, gehackt
2 Eier
1 Msp. scharfer Senf
Salz
weißer Pfeffer aus der Mühle
frisch geriebene Muskatnuss
1 gute Prise Majoran
Öl und Butter

Für den Kartoffel-Gurken-Salat:

500 g Kartoffeln, fest kochend
Meersalz, 1 Prise Kümmel, 1 Lorbeerblatt
100 g Zwiebeln, fein gewürfelt
1 Knoblauchzehe, fein gewürfelt
75 ml Öl
¼ l Wasser
1 TL Dijon-Senf
2 EL Cidre-Essig
Salz, weißer Pfeffer aus der Mühle
½ junge Salatgurke, geschält
125 g saure Sahne
3 EL Crème fraîche
Cayennepfeffer, Zitronensaft
4 Radieschen in dünnen Scheiben
1–2 EL Schnittlauchröllchen

Die Kartoffeln schälen, waschen und mit Meersalz, Kümmel und Lorbeer in Wasser kochen und abgießen. Zwiebeln und Knoblauch im Öl andünsten, mit Wasser

ablöschen und dieses etwas reduzieren lassen. Mit 1 TL Senf, 2 EL Essig, Salz und Pfeffer pikant abschmecken. Die noch lauwarmen Kartoffeln in Scheiben schneiden und vorsichtig untermischen.

½ Gurke in 2–3 mm dicke Scheiben und diese in feine Stifte schneiden. In kochendem Salzwasser 30 Sekunden blanchieren, eiskalt abschrecken und abtropfen lassen. 125 g saure Sahne mit 3 EL Crème fraîche verrühren und mit Salz, Cayennepfeffer und Zitronensaft pikant abschmecken. Die Gurkenstifte untermischen und etwas ziehen lassen.

Für die Fleischpflanzerl das Kalb- und Schweinefleisch samt Speck durch den Fleischwolf drehen. 100 g Weißbrot in dünne Scheiben schneiden, mit ⅛ l Milch begießen und quellen lassen. 100 g Zwiebeln in kurzen, sehr dünnen Streifen und fein gewürfelten Knoblauch in Olivenöl andünsten. Die Petersilie ganz kurz mit dünsten. Alles etwas abkühlen lassen. Das durchgedrehte Fleisch mit dem weichen Brot, 50 g Schinken, den gedünsteten Zwiebeln und 2 Eiern vermengen. Pikant würzen. Aus dem Teig nicht zu kleine Küchlein formen und diese (am besten in einer Eisenpfanne) in einer Mischung aus Öl und Butter bei mittlerer Hitze schön braun und knusprig braten.

Den Kartoffelsalat locker mit der Gurkenmischung vermengen und auf Teller verteilen. Mit den Radieschenscheiben garnieren, die Fleischpflanzerl darauf anrichten. Mit etwas Bratfett begießen.

Weinempfehlung
Trollinger ** Alte Reben trocken, Weingut Rainer Schnaitmann, Fellbach. Das Beste für den Besten – und das einzigartig in der Magnum-Flasche!

Gertraude Dobelmann

„Wenn man heiratet, muss man kochen können, heißt es immer. Aber richtig gut kochen kann man nur, wenn man auch Freude daran hat!"

Ihr Vater, ein schwäbischer Handwerksmeister, hat gekocht, weil er es lernen musste: „Sonscht hot mr dr Lompa um dr Riesl romkriegt." Was nichts anderes bedeutet, als dass ein Putzlumpen einer Nase bedenklich nahe gekommen ist. Trotzdem fand der Vater Freude am Kochen und er gab seine Begeisterung an die Tochter weiter. Was Gertraude Dobelmann von ihm nicht lernte, hat sie sich später selbst beigebracht. Ihre riesige Kochbuchsammlung hat ihr dabei ebenso geholfen wie die Kochsendungen im Fernsehen, deren Rezepte sie gerne nachkocht. Jeden Tag serviert sie ein warmes Essen, einmal die Woche etwas Gebackenes: „Da sitzt dann die ganze Familie um den Tisch, vom Vater bis zum Enkel!" Vor allem wenn es selbst gemachte Maultaschen gibt oder ihren berühmten Kartoffelsalat, der drei Stunden ziehen muss. Wie viele andere bedauert sie, dass es die Kartoffelsorte „Sieglinde" kaum noch gibt: „Das war die beste für Kartoffelsalat", weiß sie.

Fleischküchle mit Kartoffel-Gurken-Salat von Gertraude Dobelmann

Für die Fleischküchle:
350 g Hackfleisch vom Kalb
150 g Hackfleisch vom Schwein
100 g Lyoner-Brät
8 Scheiben Toastbrot
100 ml Sahne (oder Milch)
1–2 EL Mineralwasser
1 Zwiebel
1 Knoblauchzehe
1 Stück frischer Ingwer
½ Bund Blattpetersilie
1 EL Erdnussöl oder Kürbiskernöl
3 Eier
1 EL scharfer Senf (Dijon-Senf)
1 EL Sojasauce
abgeriebene Schale von ½ Zitrone
und Orange
frisch geriebene Muskatnuss
Kreuzkümmel
getrockneter Majoran
Zitronenpfeffer

Fleur de Sel
nach Bedarf Semmelbrösel
Butterschmalz oder Erdnussöl oder Rapsöl

Für den Kartoffel-Gurken-Salat
16–20 mittelgroße Kartoffeln,
        fest kochend
½ l warme Fleisch- oder Gemüsebrühe
4 EL Wein- oder Apfelessig
2 EL Mango-Ananas- oder Apfelsaft
1 EL Sojasauce
etwas Ingwer und Knoblauch
Fleur de Sel, weißer Pfeffer
Öl
ca. ½ Salatgurke
1 EL Dijon-Senf

Die Rinde des Toastbrots entfernen. Den Toast würfeln und in Sahne mit Mineralwasser einweichen. Zwiebel, Knoblauch, Ingwer und Petersilie klein schneiden und

in Öl dünsten, bis die Zwiebel glasig wird. Die Eier mit Senf, Sojasauce, abgeriebenen Schalen sowie allen Gewürzen verquirlen. Hackfleisch und Brät mit den Toastwürfeln und der Ei-Würzmischung vermengen. Zur Bindung nach Bedarf noch Semmelbrösel zugeben. Kugeln formen und in einer Pfanne mit heißem Butterschmalz oder Öl leicht flach drücken. Die Fleischküchle goldbraun anbraten.

Die Kartoffeln in Salzwasser kochen, dann schälen und in dünne Scheiben reiben. Aus den restlichen Zutaten (außer Öl, Gurke und Senf) eine Vinaigrette herstellen und über die Kartoffeln gießen.

Warm stellen und ca. 1 Stunde stehen lassen, bis die Kartoffeln die Flüssigkeit ganz aufgesogen haben. Durchmengen und Öl nach Bedarf und Geschmack zugeben. Noch einmal warm stellen. Die Gurke waschen, entkernen und in dünne Scheiben hobeln. In ein wenig Öl und Senf einlegen und kurz vor dem Servieren unter den Kartoffelsalat mengen.

Weinempfehlung

Acolon trocken von der Remstalkellerei Beutelsbach – ein kräftiger Rotwein mit wunderbaren Beerenaromen, der diese Fleischküchle mit Ingwer perfekt begleitet.

Annette
Fischer-Dietrich

„Kochen habe ich in einer Wohngemeinschaft in Italien gelernt. Meine Mitbewohnerinnen und ich haben dort richtige Gelage veranstaltet."

Jede Woche steht vor ihrem Haus eine Kiste. Was sich darin befindet, ist eine Überraschung: Kraut, Lauch, Pastinaken, Kopfsalat, Bohnen, Gurken, Äpfel, Kirschen … Je nach Saison bestückt die Gärtnerei der Diakonie Stetten die „Bio-Überraschungskiste" mit Obst und Feldfrüchten der Saison. Für Annette Fischer-Dietrich eine ständige, aber positive Herausforderung: „Sonst würde ich immer nur dasselbe kochen!" Denn seit die Fernseh-Redakteurin ihre zwei kleinen Mädchen bekochen muss, hat „Zeit" eine ganz neue Bedeutung für sie. „Früher habe ich gerne exotisch gekocht, allerlei Asiatisches aus dem Wok, scharfe thailändische Gerichte oder italienische Spezialitäten. Dafür fehlt mir jetzt die Zeit." Was schade ist, denn ihre italienischen Gerichte sind nicht nur im Freundeskreis begehrt, sondern auch eine Gelegenheit, bei der sie sich vom stressigen Beruf erholen und austoben kann. Umso mehr freut sie sich auf die Küche im Urlaub.

Fleischküchle mit Dinkelvollkorn

von Annette Fischer-Dietrich

Für die Fleischküchle:

600 g Rinderhack
1 Zwiebel, 1 Bund Petersilie
1 Dinkelvollkornbrötchen (vom Vortag)
1 kleines Tafelbrötchen (vom Vortag)
2–3 Eier, ca. 1 EL Dijon-Senf
Salz, Pfeffer, Semmelbrösel, Öl

Für den Kartoffelsalat:

1 kg Salatkartoffeln, fest kochend
Brühpulver (Rinder- oder Gemüsebrühe)
nach Geschmack etwas Maggi-Würze
Salz, Pfeffer, 1 kleine Zwiebel
ca. 350 ml heiße (Fleisch-)Brühe
ca. 5 EL Weinessig
ca. 5 EL Sonnenblumenöl

Fein gewürfelte Zwiebel mit gehackter Petersilie in Öl glasig dünsten. Die beiden Brötchen in Wasser einweichen und quellen lassen. Das Hackfleisch pfeffern und salzen. Hackfleisch, ausgedrückte Brötchen, Eier, Senf, gedünstete Zwiebel und Petersilie mischen. Fleischküchle formen und in Semmelbröseln wenden. In heißem Öl braten.

Die Kartoffeln in Salzwasser kochen, dann schälen und abkühlen lassen. Salz, Pfeffer und Brühpulver in eine Schüssel geben und die kalten Kartoffeln fein hineinhobeln. Nochmals Salz, Pfeffer und Brühpulver zugeben, außerdem Maggi-Würze. Die Zwiebel fein reiben und ebenfalls hinzufügen. Heiße Brühe darüber gießen, dann Essig und Öl. Alles gut durchmischen und ca. 1 Stunde ziehen lassen.

Weinempfehlung

Hebsacker Lichtenberg Lemberger trocken, Weingut Jürgen Ellwanger, Winterbach – ein vollmundiger Gaumenschmeichler, wie ich ihn liebe.

Daniele Kallenberg

„Mein Großvater hat gesagt, ein Mädle darf erst heiraten, wenn es einen richtig guten, nämlich handgerädelten Kartoffelsalat machen kann!"

Wenn die Schneeflocken sacht über die Scheiben tanzen, sitzt Daniele Kallenberg gerne im Wintergarten und plant, was in der kommenden Woche auf den Tisch kommt. Denn weil sie täglich für meist fünf Personen kocht, reicht die schwäbische Resteküche natürlich nicht aus. „Ich bin gut organisiert und das muss ich auch sein, denn jeden Tag soll es ein gesundes Essen geben, das auch alle mögen!" Sonntags hat Daniele Kallenberg dann Zeit zum Experimentieren, auch mit italienischen und spanischen Gerichten. Wobei sie Waren und Produkte der Saison bevorzugt: „Die Zutaten müssen immer frisch sein und ich brauche keine Erdbeeren im Dezember!" Gemüse hat bei ihr einen hohen Stellenwert, schließlich war sie 15 Jahre lang Vegetarierin. „Dann habe ich in der Toskana ein Stückchen Salami probiert und es war um mich geschehen." Zu besonderen Gelegenheiten verschenkt sie mehrgängige Menüs, wobei die Beschenkten keinerlei Mitspracherecht haben: „Die müssen essen, was auf den Tisch kommt!" Und sie tun es mit Begeisterung.

Fleischküchle mit Schabzigerklee

von Daniele Kallenberg

Für die Fleischküchle:
400 g gemischtes Hackfleisch
2 Tafelbrötchen, eingeweicht
1 Ei
2 Zwiebeln, gehackt
1 kleine Knoblauchzehe, fein gehackt
½ Bund krause Petersilie, gehackt
1 Msp. Paprika
1 Msp. Schabzigerklee
Salz und Pfeffer nach Geschmack
Semmelbrösel, Öl

Für den Kartoffelsalat:
8 mittelgroße Salatkartoffeln
1 kleine Zwiebel, gehackt
ca. ½–1 Tasse Fleischbrühe
1 TL Senf
ca. 5 EL weißer Balsamico
Salz und weißer Pfeffer nach Geschmack
½ Salatgurke
ca. ½ Tasse Rapsöl

Das Hackfleisch mit den ausgedrückten Brötchen mischen. Dann die restlichen Zutaten zugeben und zu einem weichen Fleischteig verarbeiten. Diesen ca. ½ Stunde stehen lassen, damit sich die Zutaten gut miteinander verbinden. Danach jeweils einen gehäuften Esslöffel Fleischteig abstechen und daraus Küchle formen. Diese in Semmelbröseln wälzen und von jeder Seite ca. 3 Minuten in einem guten Öl braten.

Die Kartoffeln kochen und abkühlen lassen, bis sie handwarm sind. Danach in Scheiben schneiden – so dünn, dass das Messer beim Schneiden durch die Kartoffeln schimmert. Die gehackte Zwiebel unter die Kartoffeln mengen. Die Fleischbrühe mit dem Senf vermischen und im Wechsel mit dem Essig über die Kartoffeln geben. Nach Geschmack mit Salz und Pfeffer würzen.

Die Salatgurke in dünne Scheiben hobeln und ebenfalls dazugeben. Zum Schluss das Öl untermischen. Alles vorsichtig vermengen, damit die Kartoffelscheiben nicht matschig werden.

Weinempfehlung
Stettener Trollinger mit Lemberger, Weingut Karl Haidle, Stetten – für mich ein unkomplizierter und lebhafter Begleiter – gerne für jeden Tag.

„Kochen ist eine Kunst – und keineswegs die unbedeutenste."

Luciano Pavarotti

„Kochen ist Liebe.
Liebe ist Leidenschaft.
Kochen ist eine
leidenschaftliche Kunst."

Eckart Witzigmann

Nadine Kamp-Dollé

„Manchmal sitze ich irgendwo und erträume mir Rezepte. Das eine oder andere probiere ich aus und viele gehören inzwischen zum Repertoire."

Nadine Kamp-Dollé mag es, wenn Leben um sie herum ist. Freunde, die zu Besuch kommen, Familienfeiern – „immer habe ich die Hand ausgestreckt, wenn es etwas zu organisieren gab." Und dazu war reichlich Gelegenheit in ihrem Leben. Bis zu 150 Personen hat sie schon mit Rost-braten versorgt. „Da habe ich an drei Grills gleichzeitig gearbeitet. Das muss flutschen, sonst klappt das nicht!" Nadine Kamp-Dollé ist gelernte Lohn- und Finanzbuch-halterin. Mit ihren Eltern, die eine Firma leiten, hat sie schon als Kind viel in Restaurants gegessen und sie hat sich gefragt, wie die Köche das wohl alles so hinbekommen. Denn schon von klein auf hat sie sich fürs Kochen interessiert, war bei ihrer Mutter in der Küche und fragte ihr Löcher in den Bauch. „Als ganz kleines Mädchen habe ich schon selbst Spaghetti gekocht", erzählt sie stolz. Später wurde für sie das Kochen zur Leidenschaft. „Essen war und ist mir einfach immer wichtig", lächelt sie.

Panierte Fleischküchle

von Nadine Kamp-Dollé

Für die Fleischküchle:
ca. 500 g gemischtes Hackfleisch
1 Brötchen, eingeweicht
1–2 Zwiebeln, gehackt
1 EL Tomatenmark
1 EL Senf
Schnittlauch, Petersilie
Paprikapulver, edelsüß
Salz, Pfeffer
1 große Tasse Paniermehl
Öl

Für den Kartoffelsalat:
1 kg Kartoffeln, fest kochend
2 Zwiebeln, gehackt
ca. ¼ l Fleischbrühe
2 EL Senf
milder Essig
Sonnenblumenöl
Muskat, Salz, Pfeffer
1 Bund Schnittlauch

Das Hackfleisch mit dem ausgedrückten Brötchen vermischen. Zwiebeln, Tomatenmark, Senf sowie die Kräuter und Gewürze zugeben. Alles gut vermischen und abschmecken. Fleischküchle formen, in Paniermehl wenden und in Öl braten.

Für den Kartoffelsalat die Kartoffeln kochen, ausdampfen lassen, schälen und in Scheiben schneiden. Zwiebeln hinzufügen. Fleischbrühe und Senf vermischen. Über die Kartoffeln geben, ebenso den milden Essig. So viel Flüssigkeit zugeben, wie die Kartoffeln aufsaugen können. Würzen und Sonnenblumenöl und fein gehackten Schnittlauch hinzufügen.

Weinempfehlung
Rosé Cuvée, Kabinett trocken, Weingut Heid, Fellbach – welch ein lebendiger, fruchtiger und erfrischender Tropfen. Eine Verführung!

Kirsten Katz

„Für sich selber kochen ist ein Akt der Selbstliebe. Und wer sich selbst etwas Gutes tut, der wird auch anderen gerne etwas Gutes tun."

Kochen ist für Kirsten Katz natürlich kein mechanischer Vorgang der reinen Nahrungsmittelaufbereitung. Viel mehr schätzt sie seine entspannende Wirkung: „Kochen heißt für mich relaxen." Und wenn sie kocht, was sie fast täglich tut, lässt sich die Diplom-Betriebswirtin von ihrem jeweiligen Befinden, vom Wetter oder von der Jahreszeit inspirieren. Für einfache, bodenständige Gerichte entscheidet sie sich dabei ebenso gerne wie für komplizierte Speisen, die viel Zeit und Kreativität erfordern. Immer aber sind dabei die Gewürze besonders wichtig. Sie dienen ihr nicht nur zur Verfeinerung der Gerichte, sondern machen für sie das Essen auch bekömmlicher oder besitzen sogar Heilkraft. So soll der Ingwer in ihrem Rezept für Kartoffelsalat eine wärmende Wirkung entfalten: eine ungewöhnliche Entscheidung. Und allergrößten Wert legt sie auf einen zum Essen passenden Wein: Schließlich stammt Kirsten Katz aus einer pfälzischen Weinbaufamilie. Hellauf begeistert ist sie von den Weinen im Remstal.

Orientalische Fleischküchle
mit Ingwer-Kartoffelsalat von Kirsten Katz

Für die Fleischküchle:

250 g Hackfleisch vom Kalb

250 g Hackfleisch vom Schwein

80 g Weckle (vom Vortag) oder Toastbrot

100 ml Glühwein (oder Trollinger Rotwein
      mit 1 Prise Lebkuchengewürz)

1 kleine Zwiebel

1 EL Sonnenblumenöl

1 EL gehackte Petersilie

2 Eier

2 TL scharfer Senf

etwas Sojasauce

1 EL fein gehackte Frühlingszwiebel

1 EL fein gehackter Ingwer

1 TL Bio-Zitronen- und Bio-Orangen-
   schalenabrieb

je 1 TL Majoran, Thymian, Koriandergrün
   (oder Korianderpaste aus dem Glas)

Chiliflocken oder Chilipulver

1 Prise Muskat

Salz, Pfeffermischung (schwarzer, weißer,
roter und grüner Pfeffer), Sezchuan-Pfeffer

orientalisches Kaffeesalz

Semmelbrösel, Butterschmalz

Für die Orangen-Basilikum-Sauce:

1 Schalotte

1 EL Butter

Saft von 4 Bio-Orangen

Schale von 2 Bio-Orangen

½ Vanilleschote

1 Sternanis, 1 Prise Zimt

1 Prise Salz, Sezchuan-Pfeffer

4 Basilikumblätter, klein gehackt

kalte Butter

Für den Ingwer-Kartoffelsalat:

1 kg Kartoffeln

etwas gestoßener Kümmel

1 Zwiebel

etwas Öl

½ Salatgurke

Flor de Sal Hibiscus
400 ml Gemüse- oder Fleischbrühe
Rotweinessig
scharfer Senf
Salz, Chili, Zucker
3–5 EL gebräunte Butter
100 g eingelegter Ingwer

Die Weckle in Würfel schneiden und mit dem Glühwein mischen. Die Zwiebel würfeln und in einer Pfanne mit Öl bei milder Hitze glasig anschwitzen. Petersilie zugeben und kurz mit anschwitzen. Abkühlen lassen. Die Eier mit Senf, Sojasauce, Frühlingszwiebel, Ingwer, Zitronen- und Orangenschalenabrieb, den Kräutern, Chili, Muskat, Salz und Pfeffer verquirlen. Die eingeweichten Weckle, die verquirlten Eier und die Zwiebel-Petersilie-Mischung in das Hackfleisch einarbeiten. Mit den angegebenen Gewürzen durchaus kräftig

abschmecken. Sollte der Teig zu feucht sein, mit Semmelbrösel binden. Zum Schluss mit orientalischem Kaffeesalz abrunden. Mit feuchten Händen kleine Fleischküchle formen, in Semmelbröseln wenden und in einer Pfanne bei mittlerer Hitze in Butterschmalz von beiden Seiten goldbraun braten. Auf Küchenpapier abtropfen lassen.

Für die Sauce die Schalotte in Butter glasig andünsten. Orangensaft und Orangenschalenabrieb, Vanillemark, Sternanis, Zimt, Salz, Sezchuan-Pfeffer sowie die Hälfte des Basilikums zugeben. Die Sauce reduzieren, dann mit dem Stabmixer aufschäumen und passieren. Kalte Butterstückchen zum Binden einschlagen. Zum Schluss das restliche Basilikum unterheben und abschmecken.

Die gewaschenen Kartoffeln in Salzwasser mit etwas gestoßenem Kümmel weich kochen. Wasser abgießen. Die Kartoffeln ein wenig abkühlen lassen, dann schälen und in dünne Scheiben schneiden oder – noch besser – mit dem Kartoffelhobel hobeln.

Die Zwiebel klein würfeln und in einer Pfanne mit Öl bei milder Hitze glasig anschwitzen, bis die Flüssigkeit verdampft ist. Die Salatgurke schälen und in Scheiben hobeln, mit Flor de Sal Hibiscus und 1 Prise Zucker würzen. 400 ml Brühe erhitzen. Essig und Senf verquirlen und in die Brühe einrühren. Mit Salz, Chili und 1 Prise Zucker würzen. Eine Handvoll Kartoffeln hineinmischen. Diese Flüssigkeit in einer Schüssel nach und nach zu den Kartoffelscheiben geben, so dass die Flüssigkeit vollständig von ihnen aufgenommen wird. Anschließend die gebräunte Butter, die Gurkenscheiben (Flüssigkeit abgießen) und ca. 100 g eingelegten, fein gehackten Ingwer unterheben und abschmecken.

Weinempfehlung

Chardonnay trocken, Weingut Kuhnle, Strümpfelbach – dieser kräftige Weißwein hat Schmelz und Charme zugleich und kommt fein und elegant daher. Das gefällt mir.

Hildegard Koppitz

„Fleischküchle aus Fleisch sind natürlich keine Kunst, aber ohne Fleisch haben bisher bestimmt nur wenige gute Fleischküchle gemacht!"

Es gehört schon Mut dazu, bei einem „fleischlichen" Wettbewerb mit einem vegetarischen Rezept aufzuwarten. Doch Hildegard Koppitz hat in ihrem Leben schon ganz andere Klippen umschifft. Prompt kamen ihre „Fleischküchle auf Haferflockenbasis" in die engere Auswahl. Dabei ist die rüstige Dame nur „zu höchstens 90 Prozent" Vegetarierin. Ihre Kochleidenschaft begann sogar in einer Metzgerei, als sie dort im Alter von 15 Jahren, wie damals üblich, ihr Haushaltsjahr absolvierte. „Danach habe ich mir alles selber beigebracht!" In ihrem abwechslungsreichen Leben trat sie in Hans Rosenthals „Allein gegen alle" gegen drei Städte an und sie war zehn Jahre lang Moderatorin im Krankenhausfunk. Ein „Schlägle", wie man im Schwäbischen verharmlosend zu einem Schlaganfall sagt, nahm ihr vorübergehend die Sprache und viel von ihrer Bewegungsfreiheit. „Mit eisernem Willen habe ich dann all das gemacht, was mir Freude bereitet", sagt sie glücklich. Kochen, Backen, Origami und einmal die Woche sogar Schachspielen!

Vegetarische Fleischküchle

von Hildegard Koppitz

Für die vegetarischen Fleischküchle:
¾ l Gemüsebrühe
200 g körnige Haferflocken
1 Ei
2 EL Maismehl
1 Karotte, gerieben
1 Zwiebel, Schnittlauch, Petersilie
Kräutersalz, Pfeffer, Curry
Öl

Für den Kartoffelsalat:
1 kg Kartoffeln, fest kochend
¼ l Brühe
3–4 TL Kräuteressig
1 TL geriebene Zwiebel
1 schwach gehäufter EL Salz, Pfeffer
3–4 EL Öl

Die Gemüsebrühe aufkochen, die Haferflocken einstreuen und zu einem dicken Brei kochen. Abkühlen lassen. Dann das Ei und das Maismehl untermischen. Die Karotte reiben. Zwiebel, Schnittlauch und Petersilie ganz fein hacken. Zusammen mit der geriebenen Karotte in etwas Fett glasig dünsten. Zu den Haferflocken geben. Je nach Geschmack mit Kräutersalz, Pfeffer und Curry würzen. Die Frikadellen formen und in heißem Öl anbraten.

Die gekochten und geschälten Kartoffeln in feine Scheiben schneiden. Die Brühe mit Essig, Zwiebel, Salz und Pfeffer vermischen. Heiß über die noch warmen Kartoffeln geben. Zuletzt das Öl dazugeben und alles vorsichtig vermischen.

Weinempfehlung
Zweigelt ** trocken, Weingut Siglinger, Großheppach – in diesem Wein aus ökologisch angebauten Trauben, im Eichenfass gereift, finden die vegetarischen Fleischküchle für mich ihre ideale Ergänzung.

Oliver Mittelberg

„Eigentlich wollte ich Koch werden. Stattdessen machte ich mein Hobby zum Beruf und wurde Fußballspieler. Und abends stand ich am Herd."

Oliver Mittelberg war 13 Jahre alt. In einem Alter also, in dem sich nicht viele Jungs fürs Kochen interessieren. Damals wählte er aber in der Schule statt Technik das Fach Hauswirtschaft. Und schuf sich damit eine solide Grundlage für seine Kochleidenschaft. Die allerdings war so stark, dass er fast das Kochhandwerk gelernt hätte. Aber eben nur fast, denn seine Fußballleidenschaft gewann dann doch das Rennen um den zukünftigen Beruf „um Haaresbreite". Und doch steht er nun fast jeden Tag am Herd, in einer Hand den Kochlöffel, in der anderen den Chilistreuer: „Mein Chili darf niemals zu Ende gehen, denn ein Essen muss bei mir unbedingt pikant sein." Abgerundet wird diese Schärfe durch rund 15 Gewürze, die Oliver Mittelberg in seinem Kräutergarten selbst anbaut. Sie verfeinern die mediterrane Küche, der seine ganze Liebe gilt. Ihr und natürlich seiner Frau, die in der Küche eher für die schwäbische Kost zuständig ist.

Fleischküchle „pikant" und Kartoffelsalat mit Gurke von Oliver Mittelberg

Für die Fleischküchle:

500 g gemischtes Hackfleisch
2 mittelgroße Zwiebeln
1 Knoblauchzehe
2 EL gehackte Petersilie
1 Karotte
ca. 20 g Butter
100 g Haferflocken
2 Eier
Majoran, Muskat, Paprikapulver
Salz, Pfeffer, etwas Chilipulver
etwas Mehl
Butterschmalz

Für den Kartoffelsalat:

500 g Kartoffeln (am besten die Sorte
   „Sieglinde" oder „Nicola"),
   fest kochend
1 Zwiebel
Salz und schwarzer Pfeffer
   nach Geschmack

1 Tasse Gemüsebrühe
2 EL Kräuteressig
2–3 EL Öl
etwas Meerrettich aus dem Glas
½ Salatgurke, in feine Scheiben
   geschnitten
etwas Schnittlauch

Für die Fleischküchle die Zwiebeln würfeln, Knoblauch und Petersilie hacken, Karotte raspeln. Alles in wenig Butter andünsten. Diese Masse zusammen mit den Haferflocken, den Eiern sowie den Kräutern und Gewürzen zum Hackfleisch geben. Alles gut vermischen und dann mit etwas Mehl gleichmäßige Fleischküchle aus dem Teig formen. Butterschmalz in einer Pfanne erhitzen und die Küchle scharf anbraten.

Die Kartoffeln über Dampf kochen und schälen, solange sie noch handwarm sind. In gleichmäßige Scheiben schneiden. Als

erstes Salz hinzugeben, dann fein gewiegte Zwiebel und eine Prise Pfeffer. Die heiße Brühe mit dem Kräuteressig nun vorsichtig untermischen. Den Salat etwas durchziehen lassen. Danach 2–3 EL Öl hinzugeben. Nochmals etwas ziehen lassen. Zum Schluss mit etwas Meerrettich abschmecken und kurz vor dem Anrichten die Gurkenscheiben unterheben. Mit Schnittlauchröllchen bestreuen.

Weinempfehlung

Pinot Meunier <S> trocken, Fellbacher Weingärtner – diese Fleischküchle verlangen schon einen feinwürzigen Wein, aromatisch mit feinen Tanninen. Genauso gut passt die Ballade in Rot trocken, vom Weingut Doreas in Remshalden. Dort werden die Reben naturnah angebaut und zu dieser fruchtbetonten Rotwein-Cuvée überaus gekonnt komponiert.

„Wer einen guten Braten macht, hat auch ein gutes Herz."

Wilhelm Busch

Herta Pfau

„Ich habe in der Hauswirt-schaftsschule kochen gelernt. Es wäre gut für die jungen Frauen, wenn es so ein Pflicht-jahr heute noch gäbe!"

In ihrem Garten steht ein Gewächshaus. Im Winter wachsen dort nur Ackersalat und ein paar Kräuter. Aber im Sommer zieht Herta Pfau dort alle Arten von Salat und Gemüse heran. Alles, was auf den Tisch kommt, muss frisch sein, knackig und gesund. Und dann kocht sie ihre leckeren Gemüsegerichte. „Fleisch kommt bei uns nicht jeden Tag auf den Tisch!" Sonntags natürlich, da gibt es einen Braten und ihrem Mann zuliebe, der ein „Süßer" ist, macht sie Süßspeisen wie Ofenschlupfer oder Dampfnudeln. Herta Pfau hat Kochen und Backen in der Hauswirtschaftsschule gelernt, die für junge Mädchen Pflicht war. „Da habe ich gelernt, beim Metzger das richtige Fleisch auszusuchen und selber durch den Fleischwolf zu drehen. So weiß ich genau, was in meinem Hackfleisch drin ist!" Und wenn sie mal nicht für Ehemann, Kinder oder Enkelkinder kocht, dann mischt sie schöne Worte zu einem Gedicht oder leuchtende Farben zu einem Seidenbild. Fast so, als würde sie Gewürze mischen.

Fleischküchle nach Jägerart von Herta Pfau

Für die Fleischküchle:

300 g Hackfleisch vom Rind

300 g Hackfleisch vom Schwein

2–3 Schalotten

1 kleine Knoblauchzehe

5–6 Steinchampignons

nach Belieben glatte Petersilie, gehackt

1 Brötchen (vom Vortag)

1 großes Ei oder 2 kleine Eier

Salz, Pfeffer, etwas Majoran

Öl

Für den Kartoffelsalat:

1 kg Kartoffeln, fest kochend

400–500 ml ungewürzte Fleischbrühe

1 kleine Zwiebel, fein gerieben

ca. 4 EL 7-Kräuter-Essig

1 TL Senf

etwas Streuwürze oder 1 Brühwürfel

ca. 20 g Salz, 1 TL Pfeffer

5–6 EL Sonnenblumen- oder Distelöl

Falls ein Fleischwolf vorhanden ist, das Fleisch am Stück kaufen und selbst frisch durchdrehen. Die Schalotten fein schneiden und in etwas Öl andünsten. Durchgepressten Knoblauch, fein gehackte Steinchampignons und gehackte Petersilie hinzugeben und eine Weile mit dünsten. Dann die Mischung vom Herd nehmen und abkühlen lassen.

Das Brötchen einweichen und gut ausdrücken, ganz fein zerzupfen und unter die Mischung mengen. Dann das Hackfleisch und Ei hinzufügen. Mit Salz, Pfeffer und etwas Majoran würzen. Alles sehr gut durchmischen – am besten mit der Hand. Fleischküchle aus dem Teig formen und in heißem Öl ausbacken.

Die Kartoffeln kochen, schälen und gut auskühlen lassen. Dann mit einem Kartoffelhobel hobeln oder mit einem Messer fein schneiden und in eine größere

Schüssel geben. In der Brühe alle weiteren Zutaten – bis auf das Öl – einmal aufkochen lassen. Diese Flüssigkeit über die Kartoffeln gießen. Leicht durchmischen und ziehen lassen. Dann gegebenenfalls noch einmal nachwürzen und das Öl hinzufügen.

Der Kartoffelsalat schmeckt lauwarm am besten.

Weinempfehlung

Kreation Nero trocken, Weingut Bernhard Ellwanger, Großheppach – dieser im Holzfass gereifte Wein ist füllig und fein zugleich. Er macht einfach nur Freude. Wie auch der würzige und fruchtige Felix Lemberger trocken, vom Weingut Rainer Wachtstetter, Pfaffenhofen. Junges Schwaben lässt grüßen!

„Lorbeer alleine macht nicht satt – wie gut, wenn man Kartoffeln hat!"

Sprichwort unbekannter Herkunft

„Es gibt nichts Besseres
für den Menschen, als dass er isst
und trinkt und gönnt seiner Seele
Genuss bei seiner Mühe."

Altes Testament

Der Kartoffelsalat –
Ein schwatzhaftes Essen von Andreas Krohberger

Die Schwaben essen alles. Hauptsache, es sind Spätzle dabei. Oder Sauce. Oder Kartoffelsalat! Und am liebsten essen sie alles zusammen: Kartoffelsalat und Spätzle in sehr, sehr viel Sauce. Bis, wie man sagt, „der Ranzen spannt", den der Schwabe bekanntlich nicht auf dem Rücken trägt, sondern auf der gegenüberliegenden Körperseite.

Dabei ist der Kartoffelsalat gar kein urschwäbisches Gericht, sondern eher international. Die Franzosen mischen Äpfel unter die Kartoffeln, Champignons, Birnen oder Rote Bete und nennen ihn dementsprechend „charivari". In der Normandie stehen sie auf Heringsstückchen zwischen den Kartoffelwürfeln. „Ensaladilla rusa" heißt die spanische Variante mit Karotten, Erbsen, Thunfisch und Spargel. In Norddeutschland und im Rheinland ist Mayonnaise Pflicht, kombiniert mit allerlei Zutaten von Radieschen über Bratenreste bis zu Matjes. Aber den wahren, den einzigen, den König aller Kartoffelsalate, den gibt es natürlich nur in Schwaben. Allenfalls noch in Österreich. Oder womöglich Kroatien.

Doch selbst in den alemannischen Ländern tobt ein erbitterter Krieg um das richtige Rezept. Vincent Klink suchte lange nach dem „ultimativen Kartoffelsalat", den er nirgendwo so gut fand, wie er ihn von seiner Großmutter in Erinnerung hatte. „Kürzlich fiel der Groschen", schreibt er: „Oma schmuggelte Maggi unter ihr Konstrukt." Verschämt besorgte sich der Sternekoch eine Flasche und erlebte „eines der schönsten Déjà-vus seit langem".

Aber auch über Maggi könnte man stundenlang streiten. Sicher scheint, dass ein schwäbischer Kartoffelsalat aus sehr dünn geschnittenen Scheiben bestehen muss, die, noch warm, von einem Sud aus

Fleischbrühe, Essig, Öl, Salz und Pfeffer umfangen werden. Bei meiner Schwiegermutter, der für ihren Kartoffelsalat berühmten Hebsacker Ochsenwirtin, mussten die Pellkartoffeln beim Schälen so heiß sein, dass man sich die Finger verbrannte. Dann musste er lange ziehen, am besten über Nacht. Und man muss ihn, meint Vincent Klink, mit den Händen anmachen. Liebevoll, natürlich. Und wenn er dann fertig ist, dann muss er „schwätza". Oder „schmatza". Jedenfalls in einer sämigen Flüssigkeit förmlich baden.

Überliefert ist, dass die Qualität des Kartoffelsalats so eine Art Rigorosum für schwäbische Bräute darstellte. Hatte er nicht die richtige Feuchte und Schmiere, galt der Schwiegermutter die Braut als ungeeignet für den geliebten Sohn. Ein wahrhaft heiliger Akt. Was kann eine Frau taugen, die keinen schwäbischen Kartoffelsalat machen kann?

Ist er aber gut, also auch beim Servieren noch warm und „schlonzig", kann man ihn mit fast allem kombinieren, was schmeckt: mit Maultaschen oder Saitenwürstle, mit Leberkäs' oder Fleischküchle. Und man kann ihn auf der „Hocketse", dem schwäbischen Straßenfest, genauso verspeisen wie am Heiligen Abend. So leicht und bekömmlich wie er ist, haben ihn die Schwaben in alle Welt exportiert. Bis hin zu Barack Obama, dem amerikanischen Präsidenten, der ihn schon mal beim Super-Bowl genießt. Oder bis zu Asfa-Wossen Asserate, dem Großneffen des letzten Kaisers von Äthiopien, für den es seit seinem Studium in Tübingen „nichts Schöneres gibt als einen wunderbaren schwäbischen Kartoffelsalat!"

Lassen wir das letzte Wort aber einem, der wie kaum ein anderer schwäbische Tugenden hinaus in die Welt getragen hat: dem so erfolgreichen, ehemaligen Ministerpräsidenten von Baden-Württemberg, Lothar Späth: „Soichnass", sagt er, „muss der Kartoffelsalat sein." Und natürlich „furztrocken" der Wein dazu!

Brigitte Schmid

„Ich koche immer nur das, was mir selber schmeckt, und vor allem nichts Exotisches: Beim Kochen bin ich eben Schwäbin – durch und durch!"

Sie macht nicht viel Aufheben ums Kochen und Backen. Brigitte Schmid ist eine bescheidene Frau und nur mit verhaltenem Stolz präsentiert sie ihr Teegebäck, das aussieht wie gemalt. Das Wichtigste für sie war immer, ihre Kinder gesund aufwachsen zu lassen. Deshalb legte sie viel Wert auf Gemüse und Salat – auch wenn die Zubereitung aufwändiger ist. „Fleisch", meint sie, „muss man nicht jeden Tag haben!" Aber frisch muss alles sein. Daher meidet Brigitte Schmid alle Arten von Fertig- oder Fastfood-Gerichten. Sie kocht nach Lust und mit Liebe, würzt nach Gefühl und täglich bekommen die Familienmitglieder ein warmes Essen auf den Tisch. „Kochen ist ein wunderbarer Ausgleich für meine Arbeit", sagt die Sachbearbeiterin, die, im Gegensatz zu ihrer experimentierfreudigen Schwester Marga, nur kocht, was ihr selber schmeckt – nämlich Schwäbisches. Beim Einkaufen legt sie nur so viel in den Wagen, wie auch ge- und verbraucht wird.

Fleischküchle mit Kartoffelsalat

von Brigitte Schmid

Für die Fleischküchle:
500 g gemischtes Hackfleisch
1 Zwiebel
Petersilie
20 g Butter
1 trockenes Brötchen
1 Ei
Muskat, Salz, Pfeffer
etwas Suppenwürze

Für den Kartoffelsalat:
1 kg Salatkartoffeln
ca. ¼ l Fleischbrühe
2 EL Essig
1 Zwiebel
Salz, Pfeffer, etwas Suppenwürze
ca. 6–8 EL Öl

Fein geschnittene Zwiebel und gehackte Petersilie in Butter dünsten. Das eingeweichte und gut ausgedrückte Brötchen mit dem Ei, Muskat, Salz, Pfeffer und etwas Suppenwürze unter das Hackfleisch mischen. Aus dem Teig 8 Fleischküchle formen und auf jeder Seite 5 Minuten bei mittlerer Hitze braten.

Die Kartoffeln mit der Schale kochen, schälen und abkühlen lassen. In Scheiben schneiden. Heiße Brühe über die Kartoffeln gießen, Essig, fein gehackte Zwiebel, Salz, Pfeffer und Suppenwürze untermischen, zuletzt das Öl.

Weinempfehlung

Stettener Häder Riesling Gipskeuper, Weingut Beurer, Stetten – dieser Riesling hat einen ganz eigenständigen Charakter wie der Winzer, der ihn macht. Er passt ebenso gut zu diesen Fleischküchle wie das Stettener Brotwasser, ein eleganter und rassiger Riesling vom Herzog von Württemberg.

Ärgere nie einen Koch,
wenn Du noch Hunger hast.

Chinesisches Sprichwort

Rosalie Schweitzer

Kochen konnte Rosalie Schweitzer schon, als sie mit 23 Jahren „vom Ende der Welt", aus einem kleinen philippinischen Dorf, nach Deutschland kam. „Bei uns zu Hause müssen die Kinder bei allem mithelfen, natürlich auch in der Küche." Fleisch war teuer, deshalb kamen reichlich Fisch und Gemüse auf den Tisch. Die deftige schwäbische Küche lernte sie von ihrer „Back-Oma", einer Nachbarin aus Winzlingen. Und das so gut, dass sie beim Kochwettbewerb – darüber war sich die Jury völlig einig – den 1. Preis gewann. „Ich kann das noch immer nicht glauben", lacht sie. Dabei hat die offene und herzliche Philippina ihre Kochkunst ständig weiterentwickelt. Lange war sie in einer Metzgerei für die Salate zuständig, 15 Jahre hat sie auf „Burg Staufeneck" das Essen vorbereitet. Doch obwohl sie die schwäbische Küche inzwischen wirklich sehr liebt, sehnt sie sich an manchen Tagen nach der Heimat. In wenigen Jahren wird ihr Traum wohl wahr werden, denn ihr Mann und sie besitzen dort ein Haus, Reisfelder und Obstplantagen.

„Egal ob Spätzle, Maultaschen oder Rostbraten – ich habe einfach immer nur meine Nachbarin gefragt, wie man schwäbisches Essen zubereitet."

Fleischküchle mit Kartoffelsalat

von Rosalie Schweitzer

Für die Fleischküchle:
800 g gemischtes Hackfleisch
5 Scheiben weißes Toastbrot
Milch
1 Zwiebel
1 Bund Petersilie
1 Ei
1½ TL Salz
½ TL Pfeffer
Öl

Für den Kartoffelsalat:
1 kg Salatkartoffeln
1 Zwiebel
1 Würfel Fleischbrühe
1 Tasse warmes Wasser
2 EL Essig
2 TL Zucker
1 TL Salz
1 Prise Pfeffer
3 EL Öl

Das Toastbrot würfeln und in Milch einweichen. Die Zwiebel fein schneiden, die Petersilie fein hacken. Das Brötchen ausdrücken und zusammen mit den anderen Zutaten unter das Hackfleisch mischen. Frikadellen formen und in einer Pfanne mit Öl braten.

Kartoffeln mit einer Prise Salz in Wasser kochen, dann schälen. Die noch leicht warmen Kartoffeln von Hand in sehr dünne Scheiben schneiden. Die Zwiebel fein würfeln. Den Brühwürfel in einer Tasse mit warmem Wasser auflösen. Essig, Zucker, Salz und Pfeffer hinzugeben. Kartoffeln, Würzflüssigkeit und Zwiebeln in einer Schüssel vermischen. Etwas ziehen lassen und dann das Öl hinzugeben.

Weinempfehlung
D'r Oifache von Albrecht Schwegler in Korb – alles andere als einfach.

Sven Unterberger

„Schon als Kind war ich immer in der Küche. Dort habe ich meine Leidenschaft fürs Kochen entdeckt. Sie hat mich nie mehr losgelassen."

Betritt man das Loft von Sven Unterberger, wird sofort klar, wo er seinen Schwerpunkt setzt: Herd und Anrichte beherrschen den Raum. Keine Frage: Dies ist das Reich eines Genussmenschen! Da nimmt es nicht wunder, dass er auf die Frage, ob ihm gesundes oder nur geschmackvolles Essen lieber ist, spontan antwortet: „Bei mir steht der Genuss im Vordergrund!" Wie man diesen erzeugt, das will der Ingenieur aber ganz genau wissen, deshalb studiert er keine Kochbücher, sondern Fachliteratur: „So kriegt man ein besseres Grundverständnis!" Die Grundlage übrigens scheint in der Familie zu liegen, denn während er in diesem Kochwettbewerb „nur" den zweiten Platz gemacht hat, lag sein Vater beim Kochwettbewerb „Kartoffelschnitz und Spätzle" ganz vorne. Eine Kochdynastie sozusagen, die ihre Wurzeln im Leben auf dem Lande hat. Dem ist er treu geblieben, denn was als Beilage auf den Teller wandert, stammt gelegentlich sogar aus dem eigenen Gemüsegarten.

Fleischküchle mit Kartoffelsalat „Hubertus" von Sven Unterberger

Für die Fleischküchle:
250 g Hackfleisch vom Wildschwein
250 g Hackfleisch vom Kalb
1 Brötchen (vom Vortag)
⅛ l Milch
⅛ l Sahne
1 Zwiebel
1 Knoblauchzehe
frische Petersilie
Butter
2 Eier
scharfer Senf
getrockneter Majoran
Salz, Pfeffer, Muskat
Butterschmalz

Für den Kartoffelsalat:
1 kg Kartoffeln, fest kochend
1 Zwiebel
400 ml Hühnerbrühe
3 EL Essig

1 EL Senf
100 g Pfifferlinge
Butterschmalz
2 EL braune Butter
Salz, Kümmel
Cayennepfeffer, Zucker
frische Petersilie

Das Brötchen in dünne Scheiben schneiden. Milch und Sahne erwärmen und mit Salz, Pfeffer und Muskat würzen. Diese Flüssigkeit warm über das Brötchen geben und ziehen lassen. Zwiebel, Knoblauch und Petersilie fein schneiden und in Butter glasig dünsten, dann abkühlen lassen. Das Hackfleisch mit der Zwiebel-Knoblauch-Petersilien-Mischung, dem gut ausgedrückten Brötchen, den Eiern, Senf und Majoran vermischen. Mit Salz und Pfeffer abschmecken. Fleischküchle formen und in Butterschmalz anbraten.

Die Kartoffeln in Salzwasser mit Kümmel weich kochen, dann das Wasser abgießen und die Kartoffeln ein wenig abkühlen lassen. Möglichst noch heiß schälen und in dünne Scheiben schneiden. Die Zwiebel fein schneiden, zur Hühnerbrühe geben und aufkochen lassen. Essig, Senf, Cayennepfeffer und Zucker hinzufügen. Zur Bindung dieser Salatsauce eine kleine Handvoll Kartoffelscheiben in die Flüssigkeit geben und mit einem Pürierstab glatt mixen. Die Sauce nach und nach über die Kartoffeln gießen und vorsichtig unterheben. Den Vorgang so lange wiederholen, bis die Sauce nicht mehr vollständig von den Kartoffeln aufgesogen wird. Die Pfifferlinge putzen, klein schneiden und in Butterschmalz kurz anbraten. Pfifferlinge und braune Butter zum Kartoffelsalat geben und mit frisch gehackter Petersilie garnieren.

Weinempfehlung
Frühburgunder trocken, Weingut Klopfer, Großheppach – diese „wilden" Fleischküchle verlangen nach einem harmonischen Wein mit feinen Aromen der Waldfrüchte.

Werner Weng

„Wenn ich Gäste einlade, sitzen die Damen meistens im Wohnzimmer und reden und die Männer stehen mit mir in der Küche und kochen!"

Werner Weng kommt viel in der Welt herum und mindestens eine Woche pro Monat verbringt er in Berlin. Zu den Dingen, die ihn in der Hauptstadt regelmäßig ärgern, gehören die Berliner Buletten: „Die sind so fest, dass man sie besser Presslinge nennen sollte." Dabei müssten sie doch locker sein, so wie „wir Schwaben es gewöhnt sind". Kurzerhand hat er daher die „Schwäbiner" erfunden, eine glückliche Mischung aus beiden fleischlichen Genüssen. Denn Genuss hat bei Werner Weng einen hohen Stellenwert: „Das Leben ist doch viel zu kurz, um schlecht zu essen!", meint er. Und so kocht er fast jeden Tag, auch wenn er alleine ist. „Und trotzdem werden es irgendwie immer vier Portionen!" Klar, dass so ein Mann auch bei den Beilagen seine Prinzipien hat: „Auf einen schwäbischen Kartoffelsalat wollte ich nie im Leben verzichten!" Und weil er eben Schwabe ist und Schwaben zu allem eine Sauce brauchen, haut er auch da Pflöcke ein: „Bei Saucen verstehe ich überhaupt keinen Spaß!"

Werners Buletten mit „Schwäbiner" Kartoffelsalat von Werner Weng

Für die Buletten:

500 g gemischtes Hackfleisch vom
     Schwein und Rind
2 Brezeln oder Laugenwecken
¼ l Sahne
2 Zwiebeln
2 Knoblauchzehen
2 EL gehackte Blattpetersilie
2 EL Butter
2 Eier
2 EL Brät
2 TL Dijon-Senf
2 TL Kräuter der Provence
1 TL getrockneter Majoran
1 TL Paprikapulver
Salz, Pfeffer
2–3 EL Butterschmalz

Für den Kartoffelsalat:

1 kg Kartoffeln, fest kochend
1 kleine Zwiebel oder 1 Schalotte

4 mittlere Salzgurken
    (keine Gewürzgurken)
100 ml Gurkenflüssigkeit
50 ml Weinessig
Senf
1 säuerlicher Apfel
¼ l Fleischbrühe
100 ml Sonnenblumenöl
Schnittlauch oder Frühlingszwiebel
Salz, Pfeffer, Kümmel, Zucker

Für die braune Sauce:

1 kg Knochen vom Rind und Schwein
Butterschmalz
1 Bund Suppengrün
2 Zwiebeln
1 Knoblauchzehe
⅛ l Rotwein
1 EL Zucker
1 EL Tomatenmark
Salz, Pfeffer

Das Laugengebäck in Würfel schneiden und in einer Schüssel mit der Sahne übergießen. Ungefähr 10 Minuten ziehen lassen, dann mit den Händen durchkneten und die Sahne ein wenig herauspressen. Die Zwiebeln fein würfeln, die Knoblauchzehen durchpressen, die Petersilie hacken. In einer Pfanne mit heißer Butter anschwitzen. Das Hackfleisch in eine Schüssel geben. Eier, Brät, Senf, Zwiebel-Knoblauch-Petersilien-Mischung sowie alle übrigen Kräuter und Gewürze gut untermischen. Abschmecken und mit angefeuchteten Händen aus dem Fleischteig Buletten formen. Butterschmalz in einer beschichteten Pfanne erhitzen und die Buletten darin 10–15 Minuten bei mittlerer Hitze braten. Zwischendurch mehrmals wenden und mit einem Pfannenmesser in Form drücken.

Die Kartoffeln mit 1 EL Salz und 1 EL Kümmel kochen. Dann abgießen, abschrecken, etwas abkühlen lassen und lauwarm schälen. Die Zwiebel ganz fein hacken oder durch die Knoblauchpresse drücken. Zwiebel, Gurkenwasser, Essig, Senf, Zucker, etwas Salz und kräftig Pfeffer in einen Mixbecher geben und mixen bis eine schöne Vinaigrette entsteht. Den Apfel schälen und in kleine Stücke schneiden. Salzgurken in Scheiben schneiden, ebenso die lauwarmen Kartoffeln. Die Kartoffeln mit der warmen Fleischbrühe übergießen und ca. 15 Minuten ziehen lassen. Dann in eine große Schüssel immer abwechselnd die Kartoffelscheiben, Gurkenscheiben und Apfelstückchen geben, zwischen die Schichten jeweils ein paar Löffel von der Vinaigrette und noch etwas Pfeffer und Salz. Der Salat sollte 1 Stunde durchziehen. Während dieser Zeit wird die Marinade vom Salat völlig aufgenommen. Die Kartoffeln schmecken dadurch sehr saftig und

werden nicht matschig. Danach gut mischen. Kurz vor dem Servieren 100 ml Öl hinzufügen. Den Schnittlauch oder die Frühlingszwiebeln klein schneiden und unter den Salat heben.

Für die braune Sauce die Knochen in Butterschmalz schön braun anbraten. Aus dem Topf nehmen. Das geschnittene Suppengrün, gehackte Zwiebeln und Knoblauch in den Topf geben und gut anrösten. Mit ⅛ l Rotwein ablöschen. 1 EL Zucker hinzufügen. Die Flüssigkeit verdampfen und den Zucker karamellisieren lassen. Dann 1 EL Tomatenmark zugeben und ablöschen. Die Knochen wieder dazugeben, mit Wasser auffüllen, etwas salzen und pfeffern. Alles ca. 1 Stunde köcheln lassen, dann durch ein Sieb geben und den Fond noch weiter reduzieren. Falls nötig, mit Mehl eindicken und nachwürzen.

Weinempfehlung

Alte Kelter Fellbach Rotwein Cuvée trocken und Cuvée FA trocken – Kinder meiner Weinleidenschaft von meinen Weinfreunden für mich ausgebaut. Dreimal voll – im Ausdruck, in der Kraft und im Mund. Und ich bin glücklich.

„Die schönste Gabe ist der Schwabe,
so sagt ein bekanntes Sprichwort.
Richtig schön von innen raus
das ist der Schwabe nach dem Schmaus
nämlich brühetriefender Maultaschen."

Vincent Klink

Fleischküchle – scharf

von Vincent Klink

600 g Hackfleisch vom Schweinehals

2 Brötchen

¼ l Milch

2 Zwiebeln, fein gewürfelt

1 Knoblauchzehe, gepresst

2 Peperoni

2 TL scharfer Senf

2 Eier

1 Bund Petersilie, fein gehackt

4 Thymianzweige, fein gehackt

Salz, Pfeffer

Olivenöl

Brötchen in Scheiben schneiden und mit heißer Milch übergießen. Zwiebelwürfel mit Knoblauch und feingewürfelter Peperoni in einer Pfanne mit Olivenöl anschwitzen, dann in eine Schüssel umfüllen. Hackfleisch, Senf, Ei, Petersilie, Thymian und das eingeweichte Brötchen dazugeben. Alles gut miteinander vermischen und mit Salz und Pfeffer würzen.

Aus der Hackfleischmasse Fleischküchle formen und in Olivenöl bei kleiner Hitze ca. 10 Minuten langsam braten.

Weinempfehlung

Untertürkheimer Herzogenberg Riesling Goldkapsel trocken, Weingut Wöhrwag, Stuttgart – mehr als nur ein tiefer Schluck aus schwäbischer Seele sei wärmstens empfohlen zu diesen scharfen Fleischküchle von Vincent Klink.

Jede Region erzählt ihre eigene Geschichte von Andreas Braun

Dass Baden-Württemberg das Land der Dichter und Denker ist – man wusste es schon. Und dass das Musterland im Süden stets als Hort höchsten Wirtschaftswachstums und niedrigster Arbeitslosenraten glänzt – dies hat sich ebenfalls bereits herumgesprochen. Und dass das „Ländle" die Heimstatt von bedeutenden Autoschmieden wie Daimler, Porsche oder auch Audi ist – das ist sogar vielen Ausländern bekannt. Immer mehr sickert nun aber die Erkenntnis ins Bewusstsein, dass Baden-Württemberg unter den Bundesländern und Regionen in Deutschland, ja, selbst in Europa eben auch ein Genießerland ist.

Genuss hat etwas mit Landschaft, mit Lebenskultur und auch mit Traditionen zu tun. Das hat man zum Beispiel im Schwarzwald, im Hohenlohischen oder auch am Bodensee früher erkannt als anderswo. Ein Wirtshaus ist nur so gut, wie die Produkte in seiner Umgebung es sind. In den vergangenen Jahren ist in vielen Regionen des Landes ein regelrechtes Netzwerk an Produzenten entstanden, die sich mehr oder minder dem Genuss verschrieben haben und die handwerklich überschaubare Erzeugung gesunder Lebensmittel betreiben. Zu Recht wird daher auch schon mal vom „Feinkostladen" der Republik gesprochen.

Mit dem Erbe von Natur und Tradition gingen die Badener und Württemberger lange Zeit recht bescheiden um. Mindestens bis zu dem Spruch: Wir können alles außer Hochdeutsch. Immerhin fiel Eingeweihten schon länger auf, dass nirgendwo in der Republik so viele mit Sternen, Punkten, Kochmützen und anderen Ehrungen gekrönte Restaurants anzutreffen sind wie eben hier im Südwesten. Das musste doch einen Grund haben. Inzwischen hat man erkannt, dass es auch um den „Mittelbau" nicht schlecht bestellt ist. Ganz im Gegenteil, Mutters Küche hat genauso Spuren hinterlassen wie die in allen Landesteilen lebendige Gasthauskultur. Die Vielfalt der kulinarischen Genüsse und regionalen Spezialitäten machen Baden-Württemberg zu einem beliebten Reiseziel. Diese Vielfalt mehrt aber auch das Wohlgefühl der Einheimischen, die, wenn sie mögen, tagtäglich in den heimatlichen Genuss kommen können.

Aus manchen Produkten sind mittlerweile – weit übers Land hinaus – begehrte Markenartikel geworden. Das aromatische Bœuf de Hohenlohe zum Beispiel ziert die Karten feinster Gourmettempel in Hamburg oder Berlin, ja, sogar im Ausland. Und dank dem Schwäbisch-Hällischen ist vielen Genießern erst bekannt geworden, dass Schweinefleisch, das seine Aromen durch die industriell betriebene Massentierhaltung schon weitgehend verloren hatte, außerordentlich schmackhaft sein kann.

Ähnlich geschmacksintensive Erfahrungen kann man machen mit geräuchertem Schwarzwälder Schinken, mit einem Stück vom Hinterwälder Rind oder einem Lamm von der Schwäbischen Alb, mit Kretzer oder Felchen aus dem Bodensee und mit einer Schwarzwaldforelle. Überall im Land tun sich Landwirte, Erzeuger und Gastronomen hervor, die sich höchster Produktqualität verschrieben haben. Sie versorgen den nahe gelegenen Gasthof oder locken Gäste auf den eigenen Hof. Dazu zählen kleine und größere Käseproduzenten im Hohenlohischen, im Schwarzwald, auf der Alb oder im württembergischen Allgäu. Dazu gehören die Bauern, die heimisches Gemüse anbauen, und Landwirte, die den Grünkern wieder zu Ehren kommen lassen. Dazu zählen natürlich aber auch die Köche, die Traditionsgerichte wie Gaisburger Marsch, Ofenschlupfer, Schneckensüpple, Badische Schäufele oder Rostbraten und handgeschabte Spätzle pflegen.

Dass so wunderbare Arme-Leute-Gerichte (cucina povera) wie Fleischküchle und Kartoffelsalat überall ihre jeweils eigene landschaftliche und regionale Prägung haben, versteht sich von selbst.

Gerade im Kleinen, draußen in der so genannten Provinz, finden sich immer wieder die schönsten Überraschungen. Da ist die Aussteigerin auf der rauen Alb, die unter einigen Mühen eine kleine Herde von Ziegen hält, über karge Heiden treibt und großartigen Frischkäse fertigt. Da sind die Landwirte, die den schwierigen und nicht immer ertragreichen Anbau der Linsen wieder aufgenommen haben, der Grundsubstanz des schwäbischen Nationalgerichts. Da ist der Kleinbrenner, der den Geruch und den Geschmack jeder heimischen Frucht in die Flasche zaubert. Da ist der Schlachter, der die Tiere pfleglich behandelt vor der Schlachtung, ihnen längere Transporte erspart, die Qualität des Viehs auf den Bauernhöfen selbst überprüft und dabei Wert legt auf eine artgerechte Haltung. Da ist der Wirt am Rand der Stadt, dessen Kartoffelsalat eimerweise von den Wissenden hinausgeschleppt wird. Da sind all jene, die trotz mancher Beschwernisse und einer langen Durststrecke ihre Höfe auf ökologische Bewirtschaftung umstellen – aus Liebe zur Landschaft und zum Produkt.

Auch die Weingärtner müssen hier unbedingt genannt werden. Noch vor zehn, fünfzehn Jahren galten Baden und Württemberg nicht gerade als die gelobten Weinanbaugebiete in Deutschland. Nur einige wenige Leuchttürme ragten heraus. Das hat sich gründlich geändert: Auf breiter Front werden heute qualitätvolle Weine angeboten.

Darunter findet sich eine erstaunlich hohe Zahl von Kreszenzen, die keinen internationalen Vergleich zu scheuen brauchen. Ob Weiß-, Grau- oder Spätburgunder im Badischen, ob Lemberger oder eine Rotwein-Cuvée im Württembergischen – die Weingärtner im Land können mit ihren Produkten wahrlich renommieren und der edlen wie der rustikalen Küche die passenden Begleiter offerieren.

Wie bei den anderen Produkten auch steht beim Wein die Individualität im Vordergrund, die Individualität des Weingärtners, der Weinbereitung, des Terroirs. Auch hier spielt wieder die Landschaft eine prägende Rolle. Der Boden formt die Weine ebenso wie das Klima und die

Lage. In großen Teilen Badens zum Beispiel liegen die Weinberge in einem Zwischenreich zwischen Rheintal und Schwarzwaldhöhen. Das macht die Weine interessant, das bringt eine eigentümliche, unverwechselbare Aromatik hervor. In Württemberg wiederum ist der Anteil von Steil- und Hanglagen sehr hoch, die ebenfalls den Charakter der Weine prägen.

Gerade am Beispiel Wein offenbart sich, wie sehr Landschaft, Kultur sowie Produkt und eben auch Winzer zusammengehören. Die Mönche vom nahe gelegenen Kloster haben einst die Weinberge angelegt, erste Erfahrungen gesammelt und die Erkenntnisse, etwa über die geologischen und klimatischen Besonderheiten der jeweiligen Gegend, weitergereicht. Die Herren vom Schloss oder von der gleichfalls in der Nähe gelegenen Burg haben den Weinbau zum wirtschaftlichen Standbein erklärt und den Verkauf gefördert. Und natürlich haben sie auch dem Genusse sich ergeben.

So hat jede Region ihre Produkte anzubieten und ihre eigene Geschichte zu erzählen. Wer sich damit auseinandersetzt, dem schmeckt's womöglich noch besser: Denn Geschmack ist durchaus nichts Wertfreies. Aus diesen Zusammenhängen heutzutage Honig zu saugen, ist ein Leichtes. Viele Menschen suchen nicht nur die Erholung und die Abwechslung. In Zeiten der Globalisierung orientieren sie sich nur allzu gerne wieder in überschaubaren Räumen oder entdecken in nächster Nachbarschaft Unerhörtes: Bäcker, die backen, Metzger, die schlachten, und Fischer, die fischen. So hat es vor kurzem ein namhafter Kolumnist treffend formuliert.

Reisen und erleben, die Freizeit gestalten und genießen, gut essen und trinken – nirgendwo sonst ist das so schön wie in Baden-Württemberg!

Impressum

Herausgeber
Remstal-Akademie
für Essen und Wein

Konzeption
Rainer Knubben

Redaktion
Andreas Krohberger
Nicole Scherbel

Fotos
Rainer Kwiotek
Richard Lenz (Panoramafotos)

Gestaltung
stilgruppe I Visuelle Konzepte, Berlin
www.stilgruppe.com

Repro
highlevel GmbH, Berlin

Druck und Weiterverarbeitung
Dr. Cantz´sche Druckerei, Ostfildern

ISBN 978-3-942561-10-5

Printed in Germany, 2011

© edition k
Kunst und Kulinaristik Verlag GmbH,
Remshalden in Partnerschaft mit
Hampp Media GmbH, Stuttgart

Markus Polinski / Andreas Krohberger
„Wurstknöpfle"
Kochbuch mit den besten Rezepten
für eine fast vergessene Leibspeise
ISBN 978-3-936682-77-9

Markus Polinski / Andreas Krohberger /
Daniel Hasert
„Kartoffelschnitz und Spätzle"
Die besten Rezepte für den
Gaisburger Marsch
ISBN 978-3-936682-86-1